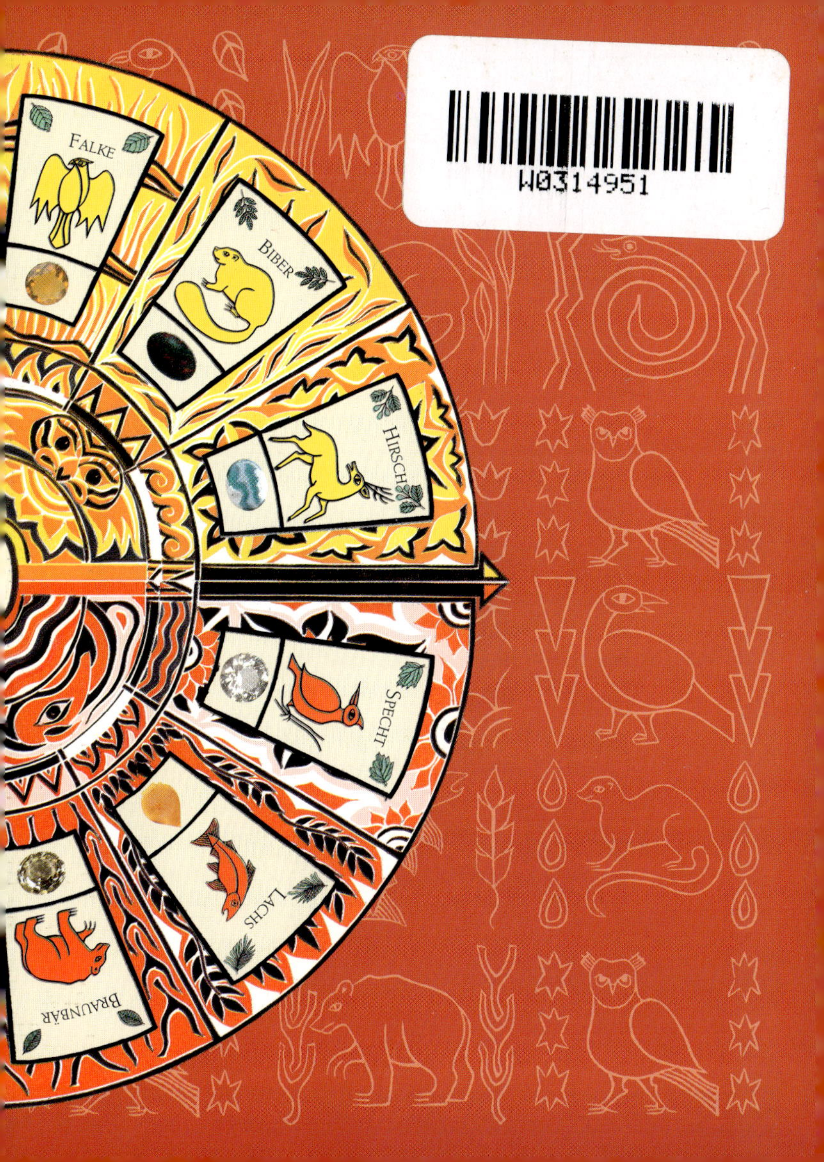
FALKE
BIBER
HIRSCH
SPECHT
LACHS
BRAUNBÄR

Dein persönliches Indianerhoroskop

SCHLANGE

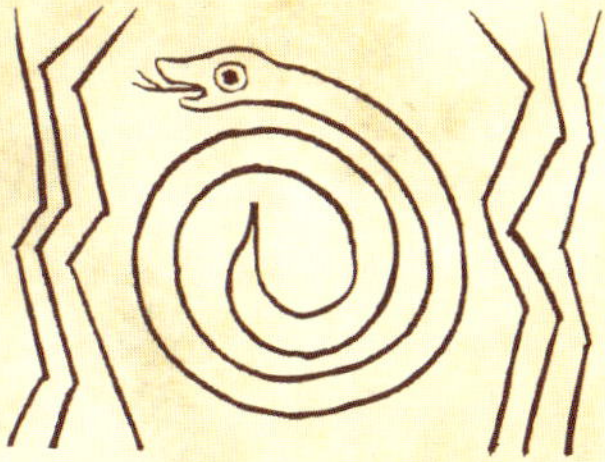

Kenneth Meadows

Illustrationen von Jo Donegan

Verlag Hermann Bauer

Freiburg im Breisgau

Die Deutsche Bibliothek – CIP-Einheitsaufnahme

Ein Titeldatensatz für diese Publikation ist bei
Der Deutschen Bibliothek erhältlich

Die amerikanische Originalausgabe erschien 1998 by Dorling Kindersley Limited,
London, unter dem Titel *The Little Library of Earth Medicine*

Konzeptentwicklung: GLS Editorial and Design, London
Redaktion: Jane Laing
Design: Ruth Shane, Luke Herriott
Lektorat: Claire Calman, Terry Burrows, Victoria Sorzano
Illustrationen S. 16, 17, 31: Roy Flooks; S. 38: John Lawrence
Fotoaufnahmen: Mark Hamilton
Fotos S. 8/9, 12, 14/15, 32: American Natural History Museum

Deutsch von Maria Müller, München
Lektorat: Sylvia Schaible

1. Auflage 2000
ISBN 3-7626-0775-3

Satz: Fotosetzerei Scheydecker, Freiburg i. Br.
Druck und Bindung: L. Rex Printing Company Ltd., China
Printed in China

INHALT

EINFÜHRUNG
ERD-MEDIZIN

DIE INDIANER NORDAMERIKAS VERSTEHEN UNTER MEDIZIN KEINE ÄUSSERE SUBSTANZ, SONDERN EINE INNERE KRAFT – SOWOHL IN DER NATUR ALS AUCH IN JEDEM MENSCHEN.

Die Erd-Medizin ist eine einzigartige Methode zur Erstellung eines Persönlichkeitsprofils. Sie beruht auf dem indianischen Verständnis des Universums und den Prinzipien des heiligen Medizinrades.

Die Indianer Nordamerikas glaubten, daß der Geist – wenn auch unsichtbar – die Natur durchdringt, und so war ihnen die ganze Natur heilig. Tiere betrachteten sie als Boten des Geistes. Sie erschienen ihnen auch in Wachträumen und übermittelten Macht und Stärke – die »Medizin«. Wer solche Träume empfing, erwies der Tierart, die ihm erschienen war, seine Ehrerbietung, indem er auf zeremoniellen und Gebrauchsgegenständen ihr Abbild wiedergab.

Die Schamanenrassel
Schamanen verbanden sich mit Hilfe von Rasseln mit ihrem inneren Geist – hier die Rassel eines Tlingit-Schamanen.

DIE NATUR IM MENSCHEN

Die indianischen Schamanen – die weisen Männer des Stammes – erkannten Ähnlichkeiten zwischen den Naturkräften, die in einer bestimmten Jahreszeit

»Der Geist hat dir die Möglichkeit geschenkt, in der Schule der Natur zu lernen.« *Lehre der Stoney*

vorherrschten, und den Menschen, die in dieser Zeit geboren wurden. Zudem entdeckten sie, wie die Persönlichkeit von den vier Mondphasen beeinflußt wird, und zwar sowohl bei der Geburt als auch im Laufe des weiteren Lebens. Auch der ständige Wechsel im Energiefluß von Aktiv zu Passiv wirkt sich auf den Menschen aus. Diese Weltsicht ist die Grundlage der Erd-Medizin; mit ihrer Hilfe können wir erkennen, wie die Dynamik der Natur in uns wirkt und wie wir unsere angeborenen, als Potential bereits vorhandenen Stärken entwickeln können.

Tierornament

Für die Anasazi, die dieses Ornament schnitzten, war der Frosch ein Symbol für Anpassungsfähigkeit.

MEDIZINRÄDER

In den kulturellen Traditionen der Indianer gab es eine Reihe von kreisförmigen Symbolbildern und -objekten. Diese heiligen Kreise wurden Medizinräder genannt – wegen ihrer Ähnlichkeit mit den Speichenrädern der Wagen, die die Siedler ins Herz des Landes brachten, das einst Eigentum der Ureinwohner war. Jedes Medizinrad zeigte die Verbindung zwischen unterschiedlichen Objekten oder Eigenschaften innerhalb eines größeren Ganzen und die Bewegung der verschiedenen Kräfte und Energien darin.

Ein Medizinrad könnte man als das »Meisterrad« betrachten, denn es wies auf das Gleichgewicht der Natur und den besten Weg hin, in Harmonie mit dem Universum und mit sich selbst zu gelangen. Auf diesem Meisterrad baut auch die Erd-Medizin auf (s. S. 10–11).

Festtagsschale

Stilisierte Bären-Schnitzereien schmücken diese Festtagsschale der Tlingit. Bei den Indianern galt der Bär als Symbol für Stärke und Selbständigkeit.

DAS MEDIZINRAD

Das äußere Rad ist in zwölf Geburtszeiten aufgeteilt. Jede hat ihr eigenes Tiertotem und eine Affinität zu einem ganz bestimmten Stein, einem Baum und zu einer Farbe. An der Nabe des Rades liegt – umgeben von Darstellungen der Elemente, der Himmelsrichtungen und des Energieflusses – das Wakan-Tanka, das Symbol der unsichtbaren Energien, die in der physischen Realität Gestalt annehmen.

Jahreszeit der Geburt
Jeder der zwölf Abschnitte des Rades steht in Bezug zu einer bestimmten Zeit des Jahres (s. S. 12–13).

Wakan-Tanka
Mit diesem mächtigen Symbol stellten manche Stämme Energie dar, die Form annimmt (s. S. 24).

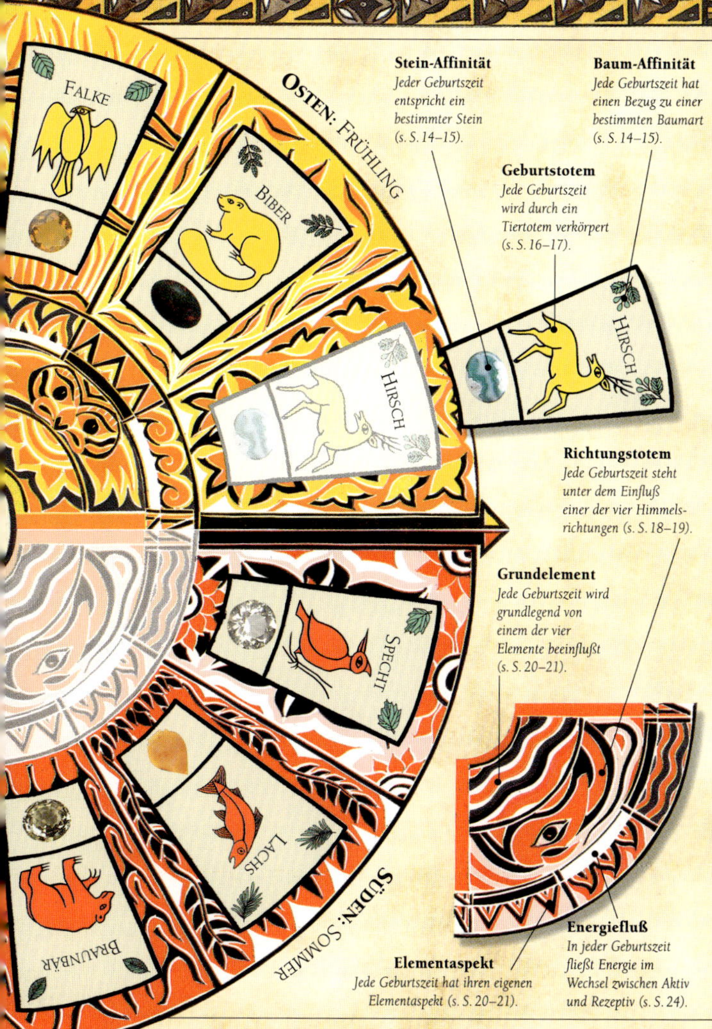

Stein-Affinität
Jeder Geburtszeit entspricht ein bestimmter Stein (s. S. 14–15).

Baum-Affinität
Jede Geburtszeit hat einen Bezug zu einer bestimmten Baumart (s. S. 14–15).

Geburtstotem
Jede Geburtszeit wird durch ein Tiertotem verkörpert (s. S. 16–17).

Richtungstotem
Jede Geburtszeit steht unter dem Einfluß einer der vier Himmelsrichtungen (s. S. 18–19).

Grundelement
Jede Geburtszeit wird grundlegend von einem der vier Elemente beeinflußt (s. S. 20–21).

Energiefluß
In jeder Geburtszeit fließt Energie im Wechsel zwischen Aktiv und Rezeptiv (s. S. 24).

Elementaspekt
Jede Geburtszeit hat ihren eigenen Elementaspekt (s. S. 20–21).

DIE ZWÖLF GEBURTSZEITEN

Die Struktur des Medizinrades baut auf den Jahreszeiten auf und spiegelt so den mächtigen Einfluss der Natur auf die Persönlichkeit des Menschen wider.

Das Medizinrad unterteilt die menschliche Natur in zwölf Persönlichkeitstypen; jeder Typ entspricht der Natur zu einer bestimmten Zeit des Jahres. Das Medizinrad ist eine Art Landkarte, mit deren Hilfe wir unsere Stärken und Schwächen, unsere inneren Triebe, instinktiven Verhaltensweisen und auch unser wahres Potential entdecken können.

Grundlage dieser Struktur sind die vier Jahreszeiten, unterteilt durch Winter- und Sommersonnenwende sowie Frühlings- und Herbst-Tagundnachtgleiche. Jede Jahreszeit steht als Metapher für eine Phase der menschlichen Entwicklung. Der Frühling ähnelt der Kindheit, dem neuen Leben. Der Sommer entspricht der Überschwenglichkeit der Jugend und dem raschen Wachstum. Der Herbst wiederum steht für die Fülle und Erfüllung des reifen Lebens als Erwachsener, während der Winter die angesammelte Weisheit symbolisiert, auf die wir später im Leben zurückgreifen können.

Jahreszeiten-Riten

Bei der Zeremonie zur Wintersonnenwende trugen die Irokesen Masken aus geflochtenen Maishülsen. Sie stimmten sich im Tanz auf die Energien ein, die für eine gute Ernte sorgen sollten.

Jede der vier Jahreszeiten im Medizinrad wird wiederum in drei Perioden unterteilt, so daß insgesamt zwölf Abschnitte entstehen. Die Zeit der Geburt bestimmt die Richtung, aus der wir das Leben wahrnehmen, und die Eigenschaften

DIE ZWÖLF ZEITABSCHNITTE

der Natur in dieser Jahreszeit spiegeln sich in der Kernpersönlichkeit wider.

Jeder der zwölf Zeitabschnitte – oder jede Geburtszeit – wird nach einer Eigenschaft, einem besonderen Kennzeichen des Jahreszyklus benannt. So heißt etwa die Zeit nach der Frühlings-Tagundnachtgleiche Zeit des Erwachens, denn jetzt ist neues Wachstum angesagt; die Zeit nach der Herbst-Tagundnachtgleiche verdankt ihren Namen den fallenden Blättern, die für sie so charakteristisch sind.

DIE BEDEUTUNG DER TOTEMS

DIE INDIANER NORDAMERIKAS GLAUBTEN, DASS TOTEMS – ALSO TIERSYMBOLE – ESSENTIELLE WAHRHEITEN UND DIE VERBINDUNG ZU DEN KRÄFTEN DER NATUR VERKÖRPERN.

Ein Totem ist ein Tier bzw. ein natürliches Objekt, das wie ein Emblem bestimmte typische Eigenschaften verkörpert. Für die Indianer waren Tiere, deren Verhalten vorhersehbar ist, besonders hilfreich für die Kategorisierung von menschlichen Verhaltensmustern.

Ein Totem spiegelt bestimmte Aspekte der Persönlichkeit wider und ist ein Schlüssel zum intuitiven Wissen, das jenseits allen intellektuellen Denkvermögens liegt. Ein Totem kann geschnitzt oder auf andere Art gestaltet sein, ein Bildnis oder z.B. ein Stück Fell, eine Feder, ein Knochen, ein Zahn oder eine Klaue. Es dient als unmittelbare Verbindung zu den Energien, für die es steht. Deshalb ist ein Totem wirksamer als etwa eine Skulptur oder ein Symbol, um die nicht-physischen Mächte und gestaltenden Kräfte zu verstehen.

HAUPTTOTEMS

In der Erd-Medizin gibt es drei Haupttotems: ein Geburtstotem, ein Richtungstotem und ein Elementtotem. Das *Geburtstotem* verkörpert die Grundeigenschaften eines Menschen; sie entsprechen den dominanten Aspekten der Natur zur Zeit seiner Geburt.

Alle zwölf Geburtstotems, die sich jeweils auf eine bestimmte Geburts-

Symbol der Stärke
In den Griff dieses Messers der Tlingit sind der Kopf eines Raben und eines Bären geschnitzt, Symbole der Einsicht und Stärke.

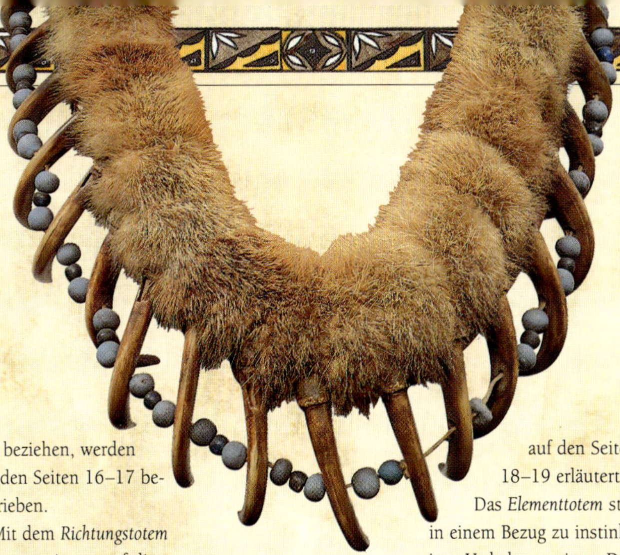

zeit beziehen, werden auf den Seiten 16–17 beschrieben.

Mit dem *Richtungstotem* stimmen wir uns auf die inneren Sinne ein, die über die Hauptantriebskraft unserer Bemühungen bestimmen. Jede der vier Jahreszeiten auf dem Medizinrad entspricht einer der vier Himmelsrichtungen, und jede Himmelsrichtung wird wiederum durch ein Totem verkörpert. So wird z.B. der Frühling mit dem Osten gleichgesetzt, wo die Sonne aufgeht. Er steht für eine neue Sicht der Dinge; sein Totem ist der Adler. Die vier Richtungstotems werden auf den Seiten 18–19 erläutert.

Siegertotem
Häuptlinge oder Krieger der Fox-Indianer trugen ein Halsband aus Bärenklauen.

Das *Elementtotem* steht in einem Bezug zu instinktiven Verhaltensweisen. Die Grundeigenschaften der vier Elemente – Feuer, Wasser, Erde und Luft – sowie ihre Totems werden auf den Seiten 20–21 ausführlich erklärt.

Drei Affinitäten

Jede Geburtszeit hat außerdem eine Affinität zu einem bestimmten Stein, einem Baum und einer Farbe (s. S. 36–41). Über diese drei Affinitäten läßt sich in schwierigen Zeiten neue Kraft schöpfen.

»Wenn ein Mensch Erfolg haben will, sollte er sich nicht von seinen Neigungen leiten lassen, sondern von seinem Wissen um das Wesen der Tiere …« *Lehre der Teton-Sioux*

DIE ZWÖLF GEBURTSTOTEMS

JEDE DER ZWÖLF GEBURTSZEITEN WIRD DURCH EIN TOTEM VERKÖRPERT – DURCH EIN TIER, DAS DIE FÜR SIE TYPISCHEN EIGENSCHAFTEN AM BESTEN ZUM AUSDRUCK BRINGT.

Die Erd-Medizin verbindet mit jeder Geburtszeit ein Totem. Jeder Abschnitt umfaßt zwei Zeitspannen – für die nördliche und die südliche Hemisphäre. Diese Totemtiere unterstützen die Verbindung zu den jeweiligen Kräften und Fähigkeiten, für die sie stehen. Eine detaillierte Beschreibung des Schlangen-Geburtstotems findet sich auf den Seiten 28–29.

FALKE

21. März – 19. April (N. Hem.)
22. Sept. – 22. Okt. (S. Hem.)

Falken ergreifen gern die Initiative, sind aber mit ihren Entschlüssen oft etwas voreilig, so daß sie sie später bedauern. Sie sind lebhaft und extrovertiert und lassen sich leicht für neue Erfahrungen begeistern, aber manchmal fehlt es ihnen an Durchhaltevermögen.

HIRSCH

21. Mai – 20. Juni (N. Hem.)
23. Nov. – 21. Dez. (S. Hem.)

Der Hirsch ist bereit, das Alte dem Neuen zu opfern. Er verabscheut jegliche Routine, blüht auf bei Abwechslung und Herausforderungen. Hirsche haben auch eine wilde Seite, sie sind sprunghaft und stürzen sich oft unüberlegt von einer Sache oder Beziehung in die nächste.

BIBER

20. April – 20. Mai (N. Hem.)
23. Okt. – 22. Nov. (S. Hem.)

Biber sind praktisch veranlagt und beständig, zudem ziemlich ausdauernd und beharrlich. Sie sind gut im Haushalt, voller Wärme und Zärtlichkeit, brauchen jedoch Harmonie und Frieden, um nicht reizbar zu werden. Sie haben einen stark ausgeprägten Sinn für Ästhetik.

SPECHT

21. Juni – 21. Juli (N. Hem.)
22. Dez. – 19. Jan. (S. Hem.)

Mit ihrer Emotionalität und Sensibilität bringen Spechte ihnen nahestehenden Menschen viel Wärme entgegen, stellen auch bereitwillig ihre Bedürfnisse gegenüber deren Wünschen zurück. Sie haben eine lebhafte Phantasie, neigen aber auch dazu, sich zu viele Sorgen zu machen.

LACHS

22. Juli – 21. August (N. Hem.)
20. Jan. – 18. Febr. (S. Hem.)

Lachs-Geborene sind begeisterungsfähig und voller Selbstvertrauen. Sie haben gern das Sagen, sind kompromißlos und voller Kraft; manchmal wirken sie ein wenig arrogant oder nehmen sich selbst zu wichtig. Wenn sie sich vernachlässigt fühlen, sind sie schnell verletzt.

BRAUNBÄR

22. Aug. – 21. Sept. (N. Hem.)
19. Febr. – 20. März (S. Hem.)

Braunbären sind hart arbeitende, praktisch veranlagte und selbstbewußte Menschen. Wandel und Veränderung mögen sie nicht besonders; sie halten sich lieber an Altbekanntes und Vertrautes. Braunbär-Geborene bringen gern Dinge in Ordnung; sie sind gutmütig und gute Freunde.

KRÄHE

22. Sept. – 22. Okt. (N. Hem.)
21. März – 19. April (S. Hem.)

Krähen sind nicht gern allein, sondern fühlen sich in Gesellschaft am wohlsten. Normalerweise sind sie gutmütige und angenehme Zeitgenossen, doch in einer negativen Atmosphäre werden sie leicht kratzbürstig und trübselig.

SCHLANGE

23. Okt. – 22. Nov. (N. Hem.)
20. April – 20. Mai (S. Hem.)

Im Zeichen der Schlange Geborene sind verschlossene, mysteriöse Menschen, die ihre Gefühle hinter einem kühlen Äußeren verbergen. Dank ihrer Anpassungsfähigkeit, Entschlußkraft und Phantasie kommen sie auch in schwierigen Lebenssituationen immer wieder auf die Beine.

EULE

23. Nov. – 21. Dez. (N. Hem.)
21. Mai – 20. Juni (S. Hem.)

Eulen haben ein starkes Bedürfnis, sich frei auszudrücken. Sie sind lebhafte Menschen voller Selbstvertrauen und haben einen guten Blick fürs Detail. Sie sind wißbegierig und anpassungsfähig, neigen aber auch dazu, sich selbst zu überfordern. Oft sind Eulen-Menschen auch sehr mutig.

GANS

22. Dez. – 19. Jan. (N. Hem.)
21. Juni – 21. Juli (S. Hem.)

Gans-Menschen sind Idealisten mit Weitblick und bereit, das Unbekannte zu erforschen. Sie gehen das Leben mit Enthusiasmus an, entschlossen, ihre Träume zu verwirklichen. Gans-Geborene haben einen Hang zum Perfektionismus und wirken manchmal gar zu ernsthaft.

OTTER

20. Jan. – 18. Febr. (N. Hem.)
22. Juli – 21. Aug. (S. Hem.)

Otter-Geborene sind freundliche, lebhafte und einfühlsame Menschen. Durch zu viele Regeln und Vorschriften fühlen sie sich behindert; deshalb machen sie oft einen etwas exzentrischen Eindruck. Sie schätzen Sauberkeit und Ordnung und haben originelle Ideen.

WOLF

19. Febr. – 20. März (N. Hem.)
22. Aug. – 21. Sept. (S. Hem.)

Wolf-Menschen sind sensibel, intuitiv und künstlerisch veranlagt; an sie wendet man sich gern, wenn man Hilfe braucht. Sie schätzen die Freiheit und ihren Freiraum, lassen sich aber leicht von anderen beeinflussen. Sie haben eine philosophische Ader, sind vertrauensvoll und aufrichtig.

DER EINFLUSS DER HIMMELSRICHTUNGEN

DER EINFLUSS DER VIER HIMMELSRICHTUNGEN – VON DEN INDIANERN NORDAMERIKAS AUCH DIE VIER WINDE GENANNT – WIRD ÜBER INNERE EMPFINDUNGEN WAHRGENOMMEN.

Die vier Himmelsrichtungen, die »Hüter« bzw. »Behüter« des Universums, wurden von den Indianern auch als die vier Winde bezeichnet, da ihre Präsenz eher gespürt als gesehen werden kann.

RICHTUNGSTOTEMS

In der Erd-Medizin ist jeder Himmelsrichtung bzw. jedem Wind eine Jahreszeit und eine Tageszeit zugeordnet. Die herbstlichen Geburtszeiten – die Zeit der Fallenden Blätter, des Frostes und der Langen Nächte – gehören alle zum Westen und zum Abend. Die Himmelsrichtung der Geburtszeit beeinflußt die Natur der inneren Empfindungen.

Der Osten ist die Himmelsrichtung des Frühlings und des Morgens; er wird mit Licht und Erleuchtung assoziiert. Sein Totem ist der Adler – ein Vogel, der hoch zur Sonne aufsteigt und aus der Höhe alles klar sehen kann.

Der Süden ist die Himmelsrichtung des Sommers und des Nachmittags. Er steht in einem Bezug zu Wachstum und Erfüllung, Fließendem und Emotionen. Sein Totem, die Maus, gilt als Symbol für

»Denke daran … der Kreis des Himmels, die Sterne, die übernatürlichen Winde, die Tag und Nacht atmen … die vier Himmelsrichtungen.« *Lehre der Pawnee*

Die vier Himmelsrichtungen

Jede Himmelsrichtung steht in Beziehung zu einer Jahreszeit, einer Tageszeit und auch zu einer Grundfunktion: der Osten zu Entscheiden, der Süden zu Geben, der Westen zu Halten und der Norden zu Empfangen.

Fruchtbarkeit, Gefühle und für die Gabe der detaillierten Wahrnehmung.

Der Westen ist die Himmelsrichtung des Herbstes und des Abends. Er steht für Transformation – vom Tag zur Nacht, vom Sommer zum Winter – und die Fähigkeit zur Innenschau, zum Bewahren und Erhalten. Das Totem des Westens ist der Grizzlybär, der innere Kraft verkörpert.

Der Norden schließlich ist die Himmelsrichtung des Winters und der Nacht; er entspricht dem Geist und geistiger »Nahrung« – also Wissen. Sein Totem ist der von den Indianern hoch verehrte Büffel.

DER EINFLUSS DER ELEMENTE

DIE VIER ELEMENTE – LUFT, FEUER, WASSER UND ERDE – DURCHDRINGEN ALLES UND WEISEN AUF DIE NATUR DER BEWEGUNG UND DIE ESSENZ DESSEN HIN, DER DU BIST.

Die Elemente sind nicht greifbare Qualitäten, die den essentiellen Zustand oder Charakter von allem, was ist, beschreiben. In der Erd-Medizin sind die vier Elemente mit vier Grundformen der Aktivität verbunden und weisen auf unterschiedliche Aspekte des Selbst hin. Luft drückt die freie Bewegung in alle Richtungen aus; sie steht mit dem Verstand und dem Denken in Verbindung. Feuer deutet auf expansive Bewegung hin und hat einen Bezug

Elementprofil

Die Element-Konfiguration der Schlange ist Wasser von Erde. Erde ist das Grundelement, Wasser der Elementaspekt.

zur geistigen Ebene und zur Intuition. Wasser bedeutet Fließen; es steht mit der Seele und den Emotionen in Beziehung. Die Erde schließlich symbolisiert Stabilität und entspricht dem physischen Körper und den Empfindungen.

Zuordnung der Elemente

Auf dem Medizinrad steht jedes Element für eine Himmelsrichtung – Feuer im Osten, Erde im Westen, Luft im Norden und Wasser im Süden. Dies sind die vier Grundelemente. Dann gibt es noch die Elementaspekte, nämlich die Verbindung der vier Elemente mit den zwölf einzelnen Geburtszeiten. Sie folgen im Medizinrad zyklisch aufeinander, Grundlage ist die Einwirkung der Sonne (Feuer) auf die Erde, woraus Atmosphäre (Luft) und Kondensation (Wasser) entstehen.

Die drei Geburtszeiten, die einen Elementaspekt gemeinsam haben, gehören der gleichen Elemente-Familie bzw. einem »Klan« an und haben ein Totem, das die wesentlichen Eigenschaften aufzeigt. Schlangen-Geborene gehören zum Frosch-Klan (s. S. 34–35).

Elementbetonung

Bei jeder Geburtszeit dominieren normalerweise die Eigenschaften des Elementaspektes die des Grundelementes, obgleich beide zu der ganz speziellen Konfiguration beitragen (für die Schlange s. S. 34–35). Bei Falke, Specht und Otter sind das Grundelement und der Elementaspekt identisch (z. B. Luft von Luft); Menschen mit diesen Totems verleihen ihrem Element einen sehr intensiven Ausdruck.

DER EINFLUSS DES MONDES

DER ZU- UND ABNEHMENDE MOND WÄHREND DER VIER MONDPHASEN WIRKT ENTSCHEIDEND AUF DIE PERSÖNLICHKEITSBILDUNG UND DAS STREBEN DES MENSCHEN EIN.

Für die Indianer zeigten Sonne und Mond die aktiven bzw. rezeptiven, also empfangenden Energien in der Natur (s. S. 24) an. Mit ihrer Hilfe wurde auch die Zeit »gemessen«. Der Einfluß der Sonne wurde mit bewußter Aktivität, mit Verstand und Willenskraft in Verbindung gebracht; der Einfluß des Mondes stand für unbewußte Aktivität und für die emotionalen und intuitiven Aspekte der menschlichen Natur.

Der zunehmende Mond

Diese Mondphase dauert ungefähr elf Tage an. Sie leitet eine Zeit des Wachstums ein und ist somit ideal für das Entwickeln neuer Ideen und die Konzentration auf neue Projekte.

Der Vollmond

In der Vollmondphase – ungefähr drei Tage – erreicht die Kraft des Mondes ihren Höhepunkt. Jetzt kann das, was in der zunehmenden Mondphase entwickelt wurde, vollendet werden.

Die vier Mondphasen

Der 29tägige Mondzyklus ist in vier Phasen unterteilt. Jede Phase ist Ausdruck einer bestimmten Form von Energie, vergleichbar mit den Wachstumsphasen einer Blütenpflanze im Lauf der Jahreszeiten: knospen (zunehmender Mond), volle Blüte (Vollmond), verwelken (abnehmender Mond) und keimen (Neumond). Der Einfluß dieser Phasen macht sich in der Entwicklung der Persönlichkeit, aber auch im Alltag bemerkbar.

Die Energie des Mondes zum Zeitpunkt der Geburt wirkt sich stark auf die Persönlichkeit aus. So sind beispielsweise Menschen, die bei Neumond geboren wurden, eher introvertiert, während Vollmond-Geborene sich im allgemeinen stärker nach außen orientieren. Wer bei zunehmendem Mond geboren wurde, ist eher extrovertiert, wer bei abnehmendem Mond zur Welt kam, dagegen eher reserviert und zurückhaltend. Mit Hilfe einer Mondtabelle kann jeder seinen persönlichen Mondstand am Tag der Geburt herausfinden.

Auch auf den Alltag kann sich eine harmonische Einstimmung auf die Mondphasen sehr positiv auswirken. Durch bewußtes Arbeiten mit den vier Phasen lassen sich die jeweiligen Energien erfahren. Die Abbildungen und Texte unten beschreiben eine indianische Sichtweise der Auswirkungen der vier Phasen des Mondes auf das Leben des Menschen.

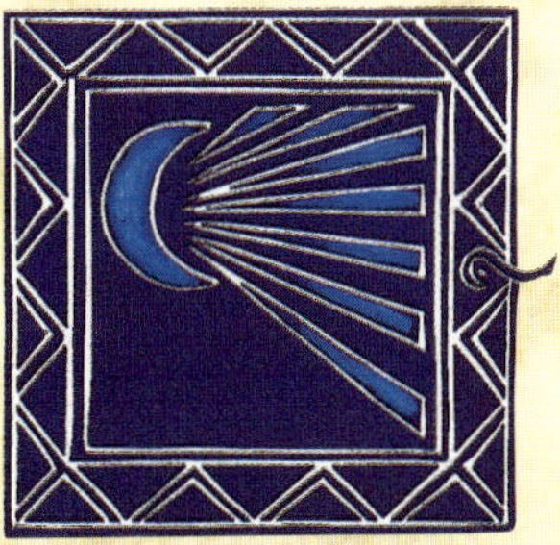

Der abnehmende Mond

Dies ist die Zeit für Veränderungen. Diese Phase – etwa elf Tage – eignet sich gut für Verbesserungen, Umstellungen und um unnötigen Ballast abzuwerfen.

Der Neumond

Ungefähr vier Tage lang ist der Mond vom Himmel verschwunden. Dies ist die Zeit für kontemplative Betrachtung des Erreichten und für das Keimen von Neuem.

DER EINFLUSS DES ENERGIEFLUSSES

DAS MEDIZINRAD SPIEGELT DAS VOLLKOMMENE GLEICHGEWICHT DER AKTIVEN UND REZEPTIVEN ENERGIEN WIDER, DIE EINANDER IN DER NATUR ERGÄNZEN.

Energie durchfließt die Natur auf zwei komplementäre Arten, die man als aktiv und rezeptiv bzw. männlich und weiblich bezeichnen kann. Das aktive Energieprinzip hat einen Bezug zu den Elementen Feuer und Luft, das rezeptive Prinzip zu Wasser und Erde.

Bei allen zwölf Geburtszeiten ist eine aktive oder rezeptive Energie mit dem jeweiligen Elementaspekt verbunden. Die beiden Energieprinzipien wechseln einander auf dem Medizinrad ab und schaffen so ein Gleichgewicht von aktiven und rezeptiven Energien, wie es auch in der Natur besteht.

Aktive Energie entspricht der Sonne und bewußtem Handeln. Unter diesem Prinzip geborene Menschen streben nach Erfahrung. Sie sind begrifflich orientiert, tatkräftig, extrovertiert, praktisch veranlagt und denken analytisch. Die rezeptive Energie wird mit dem Mond in Verbindung gebracht sowie mit unbewußtem Handeln. Solche Menschen lassen Erfahrungen lieber auf sich zukommen. Sie sind intuitiv, nachdenklich und emotional veranlagt, wollen umsorgen und bewahren.

DAS WAKAN-TANKA

Im Herzen des Medizinrades liegt in einem Kreis die S-Form, das Symbol für die Quelle, die allem Leben spendet, was auch immer eine physische Form annimmt – scheinbar aus dem Nichts. Die Prärie-Indianer Nordamerikas nannten es Wakan-Tanka – die Große Macht. Diese Kraft läßt sich auch als Energie verstehen, die Form annimmt, oder als Form, die wieder zu Energie wird – im unendlichen Fluß des Lebens.

DIE SCHLANGE

DEIN PERSÖNLICHKEITS-PROFIL

JAHRESZEIT DER GEBURT
ZEIT DES FROSTES

DIE NEBLIGE NATUR DES HERBSTES ERREICHT IN DIESER ZEIT IHREN HÖHEPUNKT; SIE VERLEIHT DEN JETZT GEBORENEN MENSCHEN IHR INTERESSE AN ALLEM MYSTERIÖSEN UND NEUEN.

Die Zeit des Frostes gehört zu den zwölf Geburtszeiten, die das Jahr in zwölf Jahreszeiten-Abschnitte unterteilen (s. S. 12–13). Diese mittlere Periode des Herbstzyklus ist die Zeit des ersten Frostes, da die Nächte bereits empfindlich kalt sind. Die fallenden Blätter vermodern und versorgen so den Boden mit Nährstoffen für die Phase der Erneuerung.

EINFLUSS DER NATUR

Die charakteristischen Eigenschaften der Natur zu diesem Zeitpunkt zeigen sich auch in der Natur des Menschen, der in dieser Zeit das Licht der Welt erblickt. So wie der Frost den Boden gefrieren läßt und »versiegelt«, erleben auch Schlangen-Geborene oft, daß viele ihrer Ideen eher kühl aufgenommen werden, wenn sie sie sofort weitererzählen. Behalten sie dagegen ihre allein dem kühlen Intellekt entstammenden Überlegungen erst einmal für sich und beziehen auch ihre Gefühle mit ein, können sie langsam reifen. Wenn dann ein wärmeres »Klima« aufkommt, werden ihre Ideen meist mit der Begeisterung aufgenommen, die sie verdienen.

Diese Zeit des Jahres erinnert an Zwielicht – Licht und Dunkelheit, die physische und die spirituelle Ebene gehen ineinander über. Um diesen Übergang zu feiern, wurden in vielen alten Kulturen am Vorabend des ersten November rituelle Feuer entzündet und die Probleme dieses Jahres symbolisch verbrannt. Dabei gedachten die Menschen auch der Verstorbenen, deren Nähe in dieser Zeit besonders deutlich zu spüren ist.

Lebensphase

Diese Zeit des Jahres entspricht dem Beginn einer neuen Phase des mittleren Lebensabschnitts. Entwicklungsgeschichtlich gesehen, ist dies eine Zeit der Suche nach Wissen und des Idealismus. Jetzt wollen wir die tieferen Geheimnisse des Lebens ergründen. Neue Blickwinkel tun sich auf, und wir beschreiten ungewöhnliche Wege, die unser Leben grundlegend verändern können. Es ist eine Zeit der Transformation, in der auch unsere Freude am Leben neu erwacht.

Sein Potential verwirklichen

Schlangen-Menschen sprudeln über vor ungewöhnlichen Ideen und innovativen Plänen. Ihre Neigung, sie zu einem ungünstigen Zeitpunkt zu präsentieren, führt aber oft zu Enttäuschungen. Ihre Begeisterung für Neuanfänge kann sie neue Wege einschlagen lassen, ohne über den richtigen Zeitpunkt gründlich nachzudenken. Schlangen-Geborene sollten ihre Begeisterung zügeln – ganz gleich, was alles für eine neue Idee oder Lebensweise spricht – und sich überlegen, ob das Timing wirklich stimmt. Ein Weilchen warten kann ihnen einiges an Frust und Leid ersparen.

Die Energie der Natur

In diesem mittleren Herbstzyklus bereitet sich die Natur auf ihre Erneuerung vor. Die fallenden Blätter der Bäume vermodern und bereichern so den Boden, der im Frühling das neue Leben hervorbringen wird.

»Das Leben ist ein Kreis von Kindheit zu Kindheit; so ist es mit allem, in dem Kraft fließt.« *Lehre des Black Elk*

DAS GEBURTSTOTEM DIE SCHLANGE

Das Wesen und das charakteristische Verhalten der Schlange sind Ausdruck der Persönlichkeit von Menschen, die in der Zeit des Frostes geboren werden.

Wie ihr Totemtier, die Schlange, sind Menschen, die in der Zeit des Frostes geboren werden, wißbegierig, anspruchsvoll und sehr intensiv. Dank ihrer kraftvollen Natur blühen sie auf in Zeiten der Veränderung und Herausforderung.

Schlangen-Menschen sind ehrgeizig und beharrlich und können sich außerordentlich gut konzentrieren. Hindernisse betrachten sie als Meilensteine und Ansporn auf dem Weg zur Erfüllung ihrer Träume und Wünsche. Mit ihrem klaren Verstand und ihrer Entschlossenheit haben sie keine Angst vor Veränderungen und passen sich neuen Umständen mit Leichtigkeit an. Aus jeder Veränderung gehen sie verwandelt und erneuert hervor.

Schlangen-Geborene sind sinnliche Menschen, die sensibel auf Stimmungen und Wünsche anderer reagieren. Trotz ihrer magnetischen Anziehungskraft kann ihr intensiver, durchdringender Blick andere allerdings auch irritieren – genauso wie ihr Hang zur Heimlichtuerei und ihr starkes Interesse an allem Mysteriösen.

Gesundheit

Unter dem Totem der Schlange geborene Menschen verbergen tiefe Gefühle gern hinter einem kühlen Äußeren. Das kann zu nervlich bedingten Störungen, Magengeschwüren und Kreislaufproblemen führen. Sie müssen lernen, ihre inneren Spannungen zu lösen.

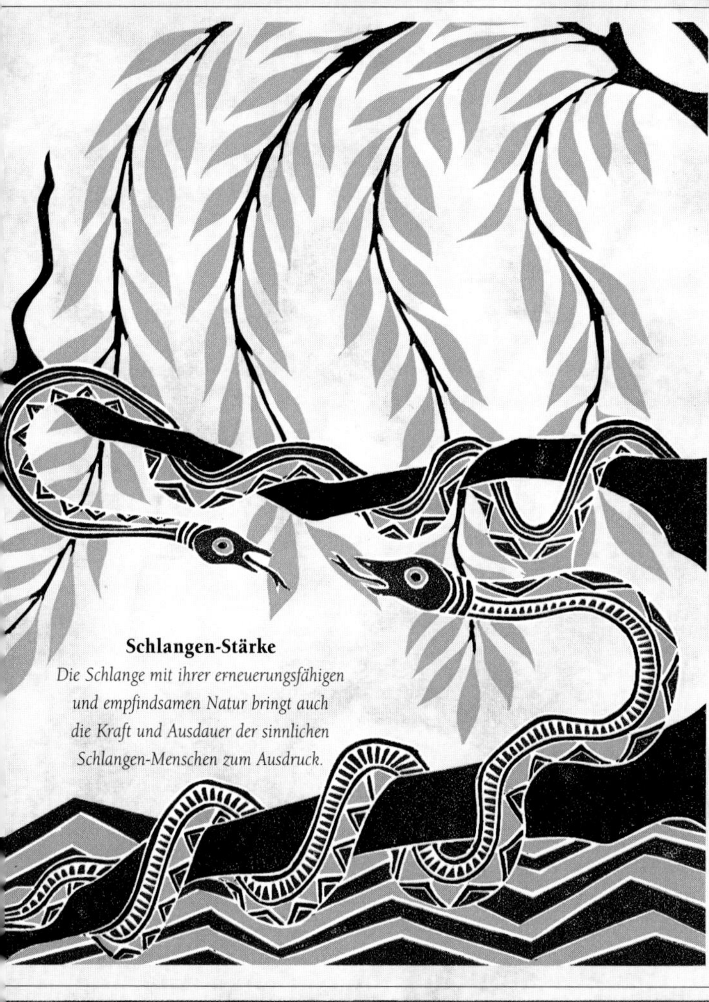

Schlangen-Stärke

Die Schlange mit ihrer erneuerungsfähigen und empfindsamen Natur bringt auch die Kraft und Ausdauer der sinnlichen Schlangen-Menschen zum Ausdruck.

DIE SCHLANGE UND BEZIEHUNGEN

DIE PHANTASIEVOLLEN SCHLANGEN-MENSCHEN SIND FASZINIERENDE FREUNDE UND LEIDENSCHAFTLICHE UND LOYALE PARTNER, VERBERGEN ABER GERN IHRE GEFÜHLE.

Wie ihr Totem-Tier können Schlangen-Geborene mit ihrer magnetischen Anziehungskraft und Intensität andere in ihren Bann ziehen. Sie sind kraftvolle, entschlossene Charaktere, denen gern eine Führungsrolle übertragen wird. Doch ihre Vorliebe für dramatische Veränderungen läßt sie schnell neue Bindungen eingehen und alte aufgeben. So können sie jedoch nicht die Nähe und das Vertrauen aufbauen, die sie eigentlich brauchen.

LIEBESBEZIEHUNGEN

Schlangen-Menschen brauchen beständige Zuneigung, zeigen selbst aber selten ihre Gefühle. Der Schlangen-Mann ist zuvorkommend, kann aber auch ein Tyrann sein; die Schlangen-Frau ist sinnlich und rechthaberisch – sie hat gern das letzte Wort. Beide können leidenschaftliche Liebhaber sein, verlieren aber zeitweise – extrem, wie sie manchmal sind – auch ganz das Interesse am Sex.

Zu Problemen kann ihre Verschlossenheit führen; nach außen hin wirken sie oft ganz »cool«. Das kann den Partner befremden; er fühlt sich nicht geliebt. Ihre Ernsthaftigkeit und Intensität machen das Zusammensein manchmal auch alles andere als entspannend.

UMGANG MIT DER SCHLANGE

Schlangen-Menschen sind geradlinig und eindeutig; bei ihnen solltest du am besten schnell auf den Punkt kommen. Vor allem solltest du dich aber davor hüten, ihren Zorn heraufzubeschwören – sie vergessen Unrecht niemals. Laß dich von ihrer kühlen Fassade nicht abschrecken: Schlangen-Geborene haben tiefe Gefühle. Wer Geduld mit ihnen hat und seine Zuneigung zeigt, wird belohnt – dann sind sie zu tiefer Liebe und Loyalität fähig.

DIE SCHLANGE UND DIE LIEBE

Schlange und Falke: Eine ziemlich brisante Verbindung; der Falke ist nur kurzzeitig auf dem Boden, die Schlange möchte ihr Leben dort verbringen.

Schlange und Biber: Beide sind ausgesprochene »Macher«; diese leidenschaftliche Beziehung kann sowohl geistig als auch körperlich sehr befriedigend sein.

Schlange und Hirsch: Die Schlange kann rücksichts- und liebevoll sein, doch der Hirsch könnte sich mit ihrer Intensität schwertun.

Schlange und Specht: Bei diesem Paar ist Hochspannung angesagt; beide sind sehr intensive Menschen, das kann zur Trennung führen oder eine tiefe Verbindung schaffen.

Schlange und Lachs: Die Intensität der Schlange untergräbt das Ego des Lachses; der dominante Lachs wiederum kann der Schlange leicht zuviel werden – dann fliegen die Funken.

Schlange und Braunbär: Beide fühlen sich miteinander wohl, doch die Gelassenheit des Braunbären kann für die leidenschaftliche Schlange manchmal frustrierend sein.

Schlange und Krähe: Eine unsichere Verbindung; die intensive Schlange kann die gemütliche Krähe beunruhigen, denn die Krähe läßt sich nicht gern an ihre Grenzen bringen.

Schlange und Schlange: Eine sehr leidenschaftliche Beziehung, die dann untergraben wird, wenn einer der beiden den anderen kontrollieren will.

Schlange und Eule: Die beiden fühlen sich vielleicht körperlich zueinander hingezogen, doch eine langfristige Verbindung erfordert viel Geduld und Kompromißbereitschaft.

Schlange und Gans: Anfangs vielleicht keine sehr leidenschaftliche Beziehung, doch es kann sich eine tiefe Verbindung entwickeln, in der beide sich sehr auf die Interessen des anderen einlassen.

Schlange und Otter: Die Schlange möchte eine liebevolle Beziehung, der Otter sagt einmal hü, einmal hott. Beide neigen zu Sturheit.

Schlange und Wolf: Beide sind sensible Wesen; trotz ihrer Verschiedenheit läuft doch vieles gut – es kann also klappen.

DAS RICHTUNGSTOTEM
DER GRIZZLYBÄR

DER GRIZZLYBÄR SYMBOLISIERT DEN EINFLUSS DES WESTENS AUF SCHLANGEN-GEBORENE, DIE MIT IHRER ANPASSUNGSFÄHIGKEIT UND INNEREN KRAFT ZUM ERFOLG GELANGEN.

Die Zeit der Fallenden Blätter, des Frostes und der Langen Nächte liegen auf dem Medizinrad alle in dem Viertel, das dem Westen bzw. dem Westwind zugeordnet ist.

Grizzlybär-Schale
Diese Holzschale der Tlingit wurde in Form eines Bären geschnitzt, der innere Stärke verkörpert.

Der Westen entspricht dem Herbst und der Abenddämmerung; er hat einen Bezug zu Innenschau, Festigung, Reife und zu der Weisheit, die aus der Erfahrung hervorgeht. Die Kraft des Westens wirkt sich vorwiegend auf die physische Ebene aus; es ist vor allem die Kraft des Haltens. Das Totem des Westens ist der selbständige Grizzlybär.

Der besondere Einfluß des Westens auf Schlangen-Menschen zeigt sich in ihrer Anpassungsfähigkeit, mit der sie sich auf der materiellen wie auch auf der spirituellen Ebene wohl fühlen. Der Westwind steht außerdem für eine intensive Suche nach innerer Erkenntnis, die verborgene Wahrheiten aufdeckt.

Grizzly-Eigenschaften

Der mächtige Grizzlybär bereitet sich im Herbst sorgfältig auf den Winterschlaf vor; er baut seine inneren Kraftressourcen auf, damit er im Frühling wieder erwacht. So wurde er für die Indianer zum Symbol für innere Kraft und Selbstvertrauen. Der Grizzlybär galt als seiner selbst gewahr, denn er schien seine Handlungen wohl zu überlegen. Als Totemtier ermuntert er uns, nach innerer Führung zu suchen und aus der Vergangenheit zu lernen, um so weise Entscheidungen zu treffen.

Menschen, deren Richtungstotem der Grizzlybär ist, sind zumeist ausdauernd, entschlossen, sich ihren Schwächen zu stellen, und zudem mutig genug, aus eigener Erfahrung zu lernen.

Der Geist des Westens

Der Grizzlybär, das Totem des Westens, symbolisiert Besinnung und Selbstvertrauen.

DAS ELEMENTTOTEM
DER FROSCH

WIE DER FROSCH SICH IM WASSER UND AUF DER ERDE WOHL FÜHLT, KÖNNEN SCHLANGEN-MENSCHEN DANK IHRER ANPASSUNGSFÄHIGKEIT ÜBERALL ZUM ERFOLG GELANGEN.

Der Elementaspekt der Schlange – wie auch der des Spechtes und des Wolfes – ist Wasser. Alle drei Zeichen gehören also zur gleichen Elemente-Familie bzw. zu einem »Klan« (s. »Der Einfluß der Elemente«, S. 20–21). Das Totem jedes Klans gibt Einblick in die wesentlichen Eigenschaften der jeweiligen Menschen.

Unter der Oberfläche
Der Frosch symbolisiert die Grundeigenschaft des Elements Wasser: hohe Sensibilität.

DER FROSCH-KLAN

Das Totem des Elemente-Klans Wasser ist der Frosch; er steht für eine empfindsame, gefühlsbetonte, nachdenkliche und intuitive Natur. Der Frosch ist sowohl im Wasser als auch auf dem Land zu Hause; er taucht unter die Oberfläche und bleibt still sitzen, eingestimmt auf jede Bewegung um ihn herum. Wer zu diesem Klan gehört, ist also anpassungsfähig und kann dank seiner Intuition auch unter die Oberfläche schauen und die Stimmung anderer Menschen wahrnehmen.

Menschen, die zum Frosch-Klan gehören, sind phantasievoll, empfänglich und tief empfindend; ihre starken Emotionen halten sie manchmal »unter Verschluß«. Das Gefühl der Verletzlichkeit mögen sie überhaupt nicht; außerdem neigen sie zu Verschlossenheit. Sie brauchen Verständnis und wahre Freiheit, um sich emotional und schöpferisch ausdrücken zu können.

Wasser von Erde

Das Element Wasser nährt die Erde, was Anpassungsfähigkeit und Durchhaltevermögen schafft.

Elementprofil

Bei Schlangen-Menschen wird der vorherrschende Elementaspekt – emotionales Wasser – durch die Eigenschaften des Grundelements – beständige Erde – grundlegend beeinflußt. Wer in dieser Zeit geboren wurde, ist also meist anpassungsfähig, sehr vital und widerstandsfähig. Es fällt ihm somit leicht, grundlegende Veränderungen in seinem Leben vorzunehmen. Auch von Rückschlägen läßt er sich nicht so schnell entmutigen.

Durch den Einfluß des turbulenten Wassers und der Beständigkeit der Erde gehen Schlangen-Geborene jedoch manchmal gar zu entschlossen vor. So geraten sie immer wieder einmal in Situationen, in denen sie den Blick für ihre eigenen emotionalen Bedürfnisse und die anderer Menschen verlieren. Das kann Isolation, Unzufriedenheit oder sogar Verzweiflung auslösen. In solchen Augenblicken oder in anderen schwierigen Situationen kann die folgende Übung eine große Hilfe sein: Such dir eine ruhige Stelle am Wasser – zu dem eine natürliche Affinität besteht –, abseits von Verkehrslärm und Hektik. Das kann ein Bach oder ein See, das Meer oder auch nur ein Schwimmbecken sein.

Beim langsamen, tiefen Einatmen spült das Geräusch des Wassers über dich hinweg. Spür, wie mit jedem Atemzug stärkende Lebenskraft durch dich hindurchströmt und mit der Klarheit eines Gebirgsflusses Körper, Geist und Seele erfrischt und belebt.

STEIN-AFFINITÄT
AMETHYST

MIT HILFE DES EDELSTEINS, DER MIT UNSEREM UREIGENEN WESEN IN RESONANZ STEHT, KÖNNEN WIR UNS DIE KRAFT DER ERDE ERSCHLIESSEN UND UNSERE INNEREN STÄRKEN ERWECKEN.

Edelsteine sind in der Erde entstandene Mineralien; dieser Prozeß verläuft äußerst langsam, aber kontinuierlich. Die Indianer schätzten diese Steine nicht nur wegen ihrer Schönheit, sondern auch weil sie buchstäblich Teil der Erde sind und so deren Lebenskraft in sich tragen. Für sie waren Edelsteine »lebendige« Energieleitsysteme, die auf unterschiedlichste Weise eingesetzt werden konnten – zum Heilen, zum Schutz oder zum Meditieren.

Jeder Edelstein hat eine spezifische Energie bzw. Schwingung. Auf dem Medizinrad wird jeder Geburtszeit ein Stein zugeordnet, dessen Energie in Resonanz steht mit dem Wesen der in dieser Zeit geborenen Menschen. Durch diese »Seelen-Verwandtschaft« kann der jeweilige Stein den Menschen in Harmonie mit der Erde bringen und sein inneres Gleichgewicht wiederherstellen. Er kann gute Eigenschaften verstärken und weiterentwickeln und ihm die Fähigkeiten verleihen, die er benötigt.

Geschliffener Amethyst

Die beruhigende Energie des Amethysts soll die Meditation, die Inspiration und schöpferische Aktivitäten fördern.

ENERGIERESONANZ

Schlangen-Menschen haben eine Affinität zum Amethyst, einem Quarzkristall in allen Farbnuancen von blassem Lila bis zu dunklem Violett. Die Energie des Steins wirkt beruhigend, fördert die Einsicht und die innere Stärke und vermittelt ein Gefühl des Friedens. Die Indianer glaubten, daß der Amethyst

DEINEN STEIN AKTIVIEREN

Der Amethyst wird unter fließendem kaltem Wasser gereinigt und sollte dann an der Luft trocknen. Danach führst du ihn mit beiden Händen zum Mund und bläst drei- bis viermal kräftig darauf, um ihn so mit deinem Atem zu durchdringen und zu prägen.

Jetzt nimmst du den Stein fest in eine Hand und heißt ihn still als Freund und Helfer in deinem Leben willkommen.

Wenn du im Streß bist und Zugang zu deiner inneren Weisheit finden möchtest, kannst du mit einem Amethyst meditieren. Dazu suchst du dir ein ruhiges, ungestörtes Fleckchen, setzt dich hin, legst dir den Stein auf den Kopf und hältst ihn mit der rechten Hand fest. Dann konzentrierst du deine Gedanken auf den Stein und bittest ihn um Führung. Hör auf die leise Stimme deines Inneren Selbst.

auch Mut machen kann in Zeiten der Veränderung und Transformation. Außerdem wurde er als wirkungsvolle Hilfe bei Schlafstörungen und Kopfschmerzen sehr geschätzt und sollte den Menschen vor allem Unheil beschützen.

Die Macht des Amethysts

Trage immer einen Amethyst bei dir. Auch zu Hause aufbewahrt, vermittelt dieser Stein Ruhe und Frieden.

Für Schlangen-Geborene ist der Amethyst eine besonders wertvolle Hilfe im Hinblick auf ihre hohen Ziele – gerade auch, wenn es sich dabei um den spirituellen und kreativen Bereich handelt. Zudem kann dieser Stein mit seinem besänftigenden Einfluß in Zeiten größerer seelischer Verletzbarkeit die innere Ruhe, den Mut und die Zuversicht fördern.

»Die Kontur des Steines ist rund; die Macht des Steines ist unendlich.« *Lehre der Lakota-Sioux*

BAUM-AFFINITÄT
WEIDE

WER SICH MIT SEINEM »SEELEN-BAUM« VERBINDET, GELANGT ZU EINEM TIEFEREN VERSTÄNDNIS SEINER EIGENEN NATUR UND KANN DIE IN IHM SCHLUMMERNDEN KRÄFTE WECKEN.

Bäume sind von außerordentlich großer Bedeutung für die Erhaltung der Natur und des atmosphärischen Gleichgewichts – eine wesentliche Voraussetzung für das Überleben der ganzen Menschheit.

Die Indianer bezeichneten Bäume als das »Stehende Volk«, denn sie stehen fest und sicher da und beziehen ihre Kraft aus der Verbindung mit der Erde. So lehren sie uns Menschen, wie wichtig es ist, geerdet zu sein und zugleich nach höheren Werten zu streben. Wer Bäume als lebendige Wesen achtet, kann mit ihrer Hilfe Einsicht in die Abläufe in der Natur und auch im eigenen Inneren gewinnen.

Auf dem Medizinrad wird jeder Geburtszeit ein bestimmter Baum zugeordnet, dessen Grundeigenschaften das Wesen der in dieser Zeit geborenen Menschen mit beeinflussen. Der Baum der Schlangen-Menschen ist die Weide. Der Name kommt aus dem Angelsächsischen und bedeutet soviel wie »biegsam« – ein Hinweis auf die langen, flexiblen Äste des Baumes und auch eine Eigenschaft der Schlangen-Geborenen. Die eindrucksvolle Weide wächst häufig an Flußufern; im Gegensatz zu dem wogenden Wasser bleibt sie stets gelassen.

DICH MIT DEINEM BAUM VERBINDEN

Schätze die Schönheit deines Seelen-Baumes; lerne seine Natur gründlich kennen, denn sie entspricht deiner eigenen.

Die Weide ist ein hoher, anmutiger Baum mit dickem Stamm und gefurchter Rinde. Sie hat lange, schmale Blätter; im Frühling ist sie übersät mit gelben und grünen »Weidenkätzchen«. Die Weide gedeiht am besten in Wassernähe – vor allem an Fluß- und Bachufern.

Die folgende Übung kann dir helfen, deine innere Kraft neu zu beleben. Du stehst neben deinem Seelen-Baum, legst die Handflächen an den Stamm und die Stirn auf die Handrücken. Dann atmest du langsam ein und spürst, wie die Energie aus den Baumwurzeln durch deinen Körper strömt. Du kannst dir auch einen Zweig oder ein Stück Holz deines Seelen-Baumes besorgen und als Totem und Helfer aufbewahren.

Wann immer Schlangen-Menschen in Versuchung geraten, ein Vorhaben zu hastig anzugehen, können sie durch die Verbindung mit ihrem Baum (s. Kasten oben) wieder Zugang zu ihrer inneren Ruhe finden.

ANPASSEN UND GEDEIHEN

Schlangen-Geborene sind zielbewußt und entschlossen, was sie manchmal auf andere aber auch starrsinnig wirken läßt. Daran kann sie die Weide mit ihren zähen, weitläufigen Wurzeln immer wieder erinnern.

So wie die Weide auch unter wechselnden Bedingungen gedeihen kann und doch ihre eigene Identität behält, können sich Schlangen-Geborene ohne Schwierigkeiten an die Bedürfnisse der Menschen, mit denen sie zusammen sind, anpassen, ohne deshalb ihre Individualität aufzugeben. Sie können die Kraft des Weidenbaumes nutzen, um ihre Intuition zu stärken und mehr Vertrauen in ihre Gefühle zu entwickeln. Ihr Seelen-Baum wird ihnen helfen, in Zukunft sensibler an eine Situation heranzugehen.

»Alle Heilpflanzen werden uns von Wakan-Tanka geschenkt; deshalb sind sie heilig.« *Lehre der Lakota-Sioux*

FARB-AFFINITÄT
VIOLETT

WER SEINE POSITIVEN EIGENSCHAFTEN VERSTÄRKEN MÖCHTE, KANN MIT HILFE DER »SEELEN-FARBE« SEINEN EMOTIONALEN UND MENTALEN ZUSTAND GÜNSTIG BEEINFLUSSEN.

Jede Geburtszeit hat eine Affinität zu einer bestimmten Farbe, die am besten mit den Energien der Menschen harmoniert, die in dieser Zeit geboren werden. Diese Farbe hat einen positiven Einfluß auf die emotionale und mentale Ebene des Menschen; Farben, die nicht zur Seelen-Farbe passen, haben dagegen eher negative Auswirkungen.

Die Farbe der Schlangen-Menschen ist Violett. Sie besteht zu gleichen Teilen aus Rot und Blau, kombiniert also auch die Eigenschaften dieser beiden Farben. Rot symbolisiert Leidenschaft und Vitalität, Blau steht für Mitgefühl und Ruhe; Violett verkörpert also leidenschaftliches Engagement, Sinnlichkeit und Gelassenheit. Als die Farbe der Intensität und der Mystik steht Violett für Macht

Farbsystem

Violett sollte als Grundfarbe bei der Einrichtung vorherrschen – vom Geschirr über die Blumen bis hin zur Ausstattung, den Wänden und den Fußböden.

IN DEINER FARBE BADEN

Du nimmst ein Fläschchen Lavendel-Aromaöl, gibst ein paar Tropfen ins Badewasser und verteilst das Öl gleichmäßig. Dann läßt du dich ins Wasser gleiten. Du solltest mindestens eine halbe Stunde lang nicht gestört werden, damit du das entspannende Bad in Ruhe genießen kannst.

Ein Lavendelbad löst Verspannungen und Streß; zudem macht es die Haut weich und geschmeidig. Vor allem bei emotionaler Erschöpfung, Depressionen oder Mangel an Selbstvertrauen kann so ein Bad sehr hilfreich sein. Laß alle Gedanken und Empfindungen zu, die hochkommen, und denke darüber nach.

und Reichtum und regt das Wahrnehmungsvermögen und die Phantasie an. Auch auf die Entschlossenheit und den Erfolgswillen hat diese Farbe einen ausgesprochen positiven Einfluß.

Farbwirkung

Mit Violett-Tönen in der Wohnung können Schlangen-Menschen ihre Aura und ihre positiven Eigenschaften verstärken. Ein paar gut plazierte Farbtupfer machen schon einen großen Unterschied. Ein violetter Lampenschirm kann z.B. die Atmosphäre im Zimmer verändern. Oder wie wäre es mit einem Strauß Flieder oder Lavendel in einer violetten Vase?

Wer sein Selbstvertrauen stärken will, sollte ein Kleidungsstück in seiner Farbe tragen. Wann auch immer du dich erschöpft fühlst und dir die nötige Energie fehlt, kann dir das oben beschriebene Farbbad helfen, emotional ins Gleichgewicht zu kommen, die Kreativität anzuregen und dich einfach rundum besser zu fühlen.

»Der Macht des Geistes sollte Ehre erwiesen werden mit seiner Farbe.« *Lehre der Lakota-Sioux*

DIE ARBEIT MIT DEM MEDIZINRAD

DER LEBENSWEG

DAS GEBURTSPROFIL KANN ALS AUSGANGSPUNKT FÜR DIE CHARAKTERLICHE ENTWICKLUNG UND DEN WEG ZU PERSÖNLICHER ERFÜLLUNG BETRACHTET WERDEN.

Jede der zwölf Geburtszeiten entspricht auch einem bestimmten Lernprozeß bzw. ganz bestimmten »Lektionen«, die uns das Leben abverlangt. Wer sich auf diesen Lernprozeß einläßt, kann Stärken statt Schwächen entwickeln, in größerer Harmonie mit der Welt und den Menschen leben und zu innerem Frieden finden.

DER LERNPROZESS DER SCHLANGE

Die erste Lektion für Schlangen-Menschen besteht darin, Geduld und Flexibilität bei der Umsetzung ihrer Träume und Ideen zu entwickeln. Durch ihre Entschlossenheit versuchen sie manchmal gar zu energisch oder sogar aggressiv andere vom Wert ihrer Ideen zu überzeugen. Das löst häufig eher Widerstand als Anerkennung aus. Etwas mehr Geduld und Sensibilität sind gefragt und auch die Bereitschaft, seine Ideen und Träume besser an die tatsächlichen Gegebenheiten anzupassen. Damit steigen die

»Der Weg jedes Menschen zeigt sich in seinem Herzen. Dort sieht er die ganze Wahrheit des Lebens.« *Lehre der Cheyenne*

Chancen, daß sie tatsächlich in die Realität umgesetzt werden können, enorm.

Schlangen-Menschen müssen auch die nötige innere Stärke entwickeln, um die ungeheuren Aufgaben bewältigen zu können, mit denen sie anscheinend ständig konfrontiert werden. Diese Herausforderungen dienen der Transformation und sind entscheidende Phasen in der persönlichen Entwicklung. Laß dich von der Größe und Bedeutung dieser Aufgaben nicht überwältigen; entwickle vielmehr deine Gabe, dich an ständig wechselnde Umstände anpassen zu können.

Die dritte Lektion für die Schlange heißt: mehr Spaß haben! Ernst und entschlossen, wie sie sind, entgeht den Schlangen-Menschen oft die leichtere, vergnüglichere Seite des Lebens. Dann ärgern sie sich über andere, die ihr Leben genießen, und kritisieren sie wegen ihrer Unbeschwertheit. Sie sollten lieber selbst öfter einmal Ferien vom Ernst des Lebens machen und sich entspannen.

DIE ARBEIT MIT DEM MEDIZINRAD

DIE MACHT DER MEDIZIN

DIE KRAFT DER ANDEREN ELF GEBURTSZEITEN SOLLTE GENUTZT WERDEN, UM SCHWÄCHEN IN STÄRKEN ZU TRANSFORMIEREN UND DEN HERAUSFORDERUNGEN DES LEBENS ENTGEGENZUTRETEN.

Auf dem Medizinrad ist das ganze Spektrum menschlicher Eigenschaften und Fähigkeiten repräsentiert. Die Totems und Affinitäten jeder Geburtszeit weisen auf die Grundeigenschaften der in dieser Zeit geborenen Menschen hin.

Komplementär-Affinität

Der Biber kann sich wesentlich besser als die Schlange ein stabiles Umfeld erhalten.

Wer wissen möchte, welche seiner Persönlichkeitsaspekte gestärkt werden müßten, sollte sich zuerst mit seinem »Lernprozeß« befassen (s. S. 42–43). Danach läßt sich anhand der anderen Geburtszeiten herausfinden, welche Totems und Affinitäten bei dieser Aufgabe helfen könnten. Das Elementprofil der Schlange ist Wasser von Erde (s. S. 34–35); zum Ausgleich brauchen Schlangen-Geborene die Freiheit und Klarheit der Luft und die Begeisterungsfähigkeit des Feuers. Das Elementprofil des Hirsches ist Luft von Feuer, das des Falken Feuer von Feuer; über diese Geburtstotems sollten Schlangen-Menschen meditieren. Auch die Profile der beiden anderen Zeichen des eigenen Elemente-Klans können hilfreich sein – Specht und Wolf; so läßt sich herausfinden, wie der gleiche Elementaspekt unterschiedlich zum Ausdruck kommen kann.

Eine weitere Hilfe kann das gegenüberliegende Geburtstotem (Polaritätstotem) sein; es weist charakteristische Eigenschaften auf, die das eigene Totem ergänzen. Das ist die sogenannte »Komplementär-Affinität«, im Fall der Schlange also der Biber.

WESENTLICHE STÄRKEN

Nachfolgend werden die wesentlichen Stärken der einzelnen Geburtstotems beschrieben. Wer eine schwach ausgebildete oder in einer bestimmten Situation benötigte Eigenschaft verstärken möchte, kann über das Geburtstotem meditieren, das diesem Wesenszug entspricht. Beschaff dir etwas, was dieses Totem verkörpern kann – eine Klaue, einen Zahn, eine Feder, ein Bild oder einen Ring. Laß so die Kraft, die es symbolisiert, zu deiner eigenen werden.

Falken-Medizin steht für die Kraft der scharfen Beobachtung und die Fähigkeit, entschlossen und tatkräftig zu handeln, wann immer das nötig ist.

Biber-Medizin entspricht der Gabe des kreativen und lateralen Denkens; so lassen sich alternative Möglichkeiten entwickeln, Dinge zu betrachten oder auch zu tun.

Hirsch-Medizin zeichnet sich aus durch ein sicheres Gespür für die Absichten anderer Menschen und für alles, was dem eigenen Wohlbefinden schaden könnte.

Specht-Medizin beinhaltet die Fähigkeit, einen beständigen Rhythmus im Leben zu entwickeln und beharrlich das zu schützen, was einem lieb und teuer ist.

Lachs-Medizin steht für die Stärke, mit Mut und Entschlossenheit seine Ziele auszuwählen und genug Ausdauer aufzubringen, um eine Aufgabe bis zum Ende zu verfolgen.

Braunbär-Medizin verkörpert große Energie und die Fähigkeit, hart zu arbeiten, in Zeiten der Not anderen ein verläßlicher Freund zu sein und aus seiner inneren Kraft zu schöpfen.

Krähen-Medizin entspricht der Fähigkeit, negative oder unproduktive Situationen in positive umzuwandeln und sich über Grenzen hinwegzusetzen.

Schlangen-Medizin steht für das Talent, sich veränderten Umständen leicht anpassen zu können und Übergangsphasen gut in den Griff zu bekommen.

Eulen-Medizin beinhaltet die Kraft, in Zeiten der Unsicherheit klar zu sehen und sein Leben konsequent nach seinen langfristigen Plänen auszurichten.

Gans-Medizin entspricht dem Mut, sich seine Ideale unter allen Umständen zu bewahren und sich im Leben an seine Prinzipien zu halten.

Otter-Medizin verkörpert die Fähigkeit, sich mit seinem Inneren Kind zu verbinden, innovative und idealistische Ansätze zu vertreten und die Routine des Alltags voll und ganz zu genießen.

Wolf-Medizin steht für den Mut, sich eher nach seiner Intuition und seinem Instinkt zu richten als nach seinem Intellekt und Mitgefühl für andere Menschen aufzubringen.

WOLF
OTTER
GANS
EULE
SCHLANGE
KRÄHE